BEI GRIN MACHT SICH IHR WISSEN BEZAHLT

AF136102

- Wir veröffentlichen Ihre Hausarbeit, Bachelor- und Masterarbeit

- Ihr eigenes eBook und Buch - weltweit in allen wichtigen Shops

- Verdienen Sie an jedem Verkauf

Jetzt bei www.GRIN.com hochladen und kostenlos publizieren

Eva Fründt

Schülertexte beurteilen und eine kritische Auseinandersetzung mit Zensuren

GRIN Verlag

Bibliografische Information der Deutschen Nationalbibliothek:

Die Deutsche Bibliothek verzeichnet diese Publikation in der Deutschen National-
bibliografie; detaillierte bibliografische Daten sind im Internet über http://dnb.d-
nb.de/ abrufbar.

Impressum:

Copyright © 2003 GRIN Verlag GmbH
Druck und Bindung: Books on Demand GmbH, Norderstedt Germany
ISBN: 978-3-638-92211-1

Dieses Buch bei GRIN:

http://www.grin.com/de/e-book/57503/schuelertexte-beurteilen-und-eine-kritische-
auseinandersetzung-mit-zensuren

GRIN - Your knowledge has value

Der GRIN Verlag publiziert seit 1998 wissenschaftliche Arbeiten von Studenten, Hochschullehrern und anderen Akademikern als eBook und gedrucktes Buch. Die Verlagswebsite www.grin.com ist die ideale Plattform zur Veröffentlichung von Hausarbeiten, Abschlussarbeiten, wissenschaftlichen Aufsätzen, Dissertationen und Fachbüchern.

Besuchen Sie uns im Internet:

http://www.grin.com/

http://www.facebook.com/grincom

http://www.twitter.com/grin_com

Universität Osnabrück

Seminar: Fachdidaktik Deutsch; Schreiben ist (k)eine Kunst

E. Fründt

Lehramt GHR mit Schwerpunkt Grundschule

SS 2003

Referatsausarbeitung

zu der Thematik

Schülertexte beurteilen

und eine kritische Auseinandersetzung mit Zensuren

Inhaltsverzeichnis

1. Einleitung

Spätestens im ersten Schuljahr lernen Kinder die Kunst des Schreibens. Damit steht ihnen eine völlig neue Dimension der Mitteilung zur Verfügung. Doch bis sie flüssig und korrekt schreiben können, haben sie viele Hürden zu nehmen. Wie ich bei einer Hospitation in einer Grundschule miterlebt habe, lernen Kinder in der ersten Klasse alle Groß- und Kleinbuchstaben des Alphabets zu lesen und zu schreiben. Dieser Lernprozess kann bis in die zweite Klasse andauern. In dieser Zeit verfassen Schüler ihre ersten freien Texte, die noch nicht bewertet werden. Ich war erstaunt, zu welch kreativen Texten Schulkinder bereits in der zweiten Klasse in der Lage sind. Die Rechtschreibfehler werden bei der Bewertung nicht weiter berücksichtigt. Die ersten „richtigen" Aufsätze werden dann in der dritten Klasse geschrieben. Der Schwerpunkt des Deutschunterrichts wird hierbei auf die „Aufsatzerziehung" gelegt. Mit diesem Schritt ist nun auch der Lehrer gefordert, da er die Aufsätze bewerten muss. Doch wie kann man Schülertexte gerecht bewerten?

Mein Referatsteil soll meine Kommilitonen mit dieser Frage konfrontieren. Über die Konflikte, die mit der Bewertung auftreten, werden sie sich Gedanken machen. Ich werde zu Beginn einen Überblick über das gerechte Bewerten eines Schülertextes geben. Dieser Einstieg wird meine Zuhörer auf die weiteren Referatsteile vorbereiten. Anschließend werde ich über die Belohnung im Unterricht berichten und Punkte, die während der Diskussion über dieses Thema gefallen sind, in diese Ausarbeitung einbringen.

Über die Belohnungen hinaus werde ich verschiedene Zeugnistypen ansprechen. Da hierbei während meines Referates eine lebendige Diskussion aufgekommen ist, werde ich einige Kommentare meiner Kommilitonen einfließen lassen. Abschließen möchte ich diese Arbeit mit einer Diskussion über Noten anhand des Textes „Noten zu Asche-Noten zu Staub".

2. Die Bewertung eines Schülertextes

Das Bewerten von Leistungen ist in der Schule fest verankert. Die Lehrer übernehmen diese Aufgabe und tragen damit eine sehr große Verantwortung für den weiteren Bildungsweg ihrer Schüler.

Das Bewerten umfasst zwei Formen: das produktorientierte und das prozessorientierte Bewerten. Der Schwerpunkt des produktorientierten Bewertens bezieht sich auf Ergebnisse, „die während des Unterrichts schriftlich oder mündlich erreicht werden".[1] Prozessorientierte Leistungen beziehen sich hingegen auf „geistige Prozesse der Lernenden, Art und Umgang der Kommunikation, der Kooperation, der Problemlösefähigkeit und der Problemlösebereitschaft".[2] Ich möchte hierzu ein Beispiel geben: Es nicht möglich, allein den Aufsatz, der als Klassenarbeit geschrieben wird, prozessorientiert zu beurteilen, da in diesem Moment nur das Endprodukt zählt. Aus diesem Grunde sollte die Vorbereitungszeit vor der Klassenarbeit für die Endzensur berücksichtigt werden. Während dieser Vorbereitungszeit kann der Lehrer die Leistungsentwicklung seiner Schüler beobachten und feststellen, ob Hilfestellungen und Hinweise umgesetzt worden sind. Auf diese Weise kann er die Schülerleistungen prozessorientiert bewerten. Haben die Schüler den Aufsatz dann geschrieben, bewertet der Lehrer allein das Endprodukt. In diesem Falle bewertet er produktorientiert.[3]

Die Bewertung eines Schülertextes ist nicht so objektiv, wie es vom Lehrer erwartet wird. Jeder Lehrer hat seine Vorlieben und Abneigungen Schülern gegenüber und bewertet Schülerleistungen dementsprechend. Daher vermittelt auch die „Trennung der Beurteilung von sprachlichem Ausdruck und Inhalt [...] nur eine Scheinobjektivität".[4] Das Sprachgefühl eines jeden Lehrers ist verschieden, und er wird den Inhalt des Textes unbewusst nach seinen sprachlichen Vorlieben bewerten. Um ein gerechtes Bewerten von Schülertexten überhaupt zu ermöglichen, unterliegen die unterschiedlichen Texte unterschiedlichen Textmustern, an die sich Schüler und Lehrer zu richten haben.

---

[1] http://www.learn-line.nrw.de/angebote/gemeinsamerunterricht/leistungsbewertung/pdf/Leistungsbewertung.PDF
[2] Ebd.
[3] Vgl. http://www.dagmarwilde.de/futvsose00/gruppenjournale/g91tbeurt.html
[4] Ebd.

Nur das „freie Schreiben" bildet hierbei eine Ausnahme. Es ist zu beachten, dass ein Lehrer nur vorhergegangene Unterrichtsinhalte in seine Bewertung einbezieht, da Lehrer nur das bewerten dürfen, was sie im Unterricht vermittelt haben. Aus diesem Grunde sollte der Unterricht vom Lehrer gut vorbereitet werden und von den Schülern leicht zu folgen sein. Neben den Unterrichtsinhalten muss die Entwicklungsstufe der Schüler berücksichtigt werden.[5] Dementsprechend muss der Lehrer beim Bewerten auf schreibschwache Schüler Rücksicht nehmen und deren individuelle Fortschritte beispielsweise mit einem anspornenden Kommentar oder gegebenenfalls einer guten Note loben. Erkennt der Lehrer andererseits Schreibegabungen bei Schülern, sollen auch hier gute bis sehr gute Bewertungen der Förderung dienen. „Es ist in jedem Falle wichtig, das Kind, das [einen] Text geschrieben hat, nicht zu entmutigen, sondern gelungenes zu bestärken und Verbesserungsbedürftiges gemeinsam mit dem Kind zu klären."[6]

Vom Lehrer ausgehändigte und gut formulierte Schreibtipps können für Schüler eine Hilfe sein, den Schreibanforderungen zu entsprechen. Schreibtipps geben Anhaltspunkte, an die sich Schüler beim Formulieren richten können. In meiner Praktikumsklasse, eine dritte Klasse, hat der Lehrer mit den Schülern zusammen eine „Regelmappe" angefertigt. In dieser Mappe findet man alle Regeln, die die Klasse mit ihrem Lehrer zum Aufsatzschreiben ausgearbeitet hat. Einige der Regeln sind, dass die Schüler an die mündliche Rede denken sollen, um den Aufsatz lebendiger zu machen; weiterhin sollen die Schüler ausschmückende Adjektive verwenden und darauf achten, dass sie das vorgegebene Tempus einhalten. Diese Mappe kann von Zeit zu Zeit und je nach Aufsatztyp erweitert werden.

Wichtig ist, dass solche Regeln die Schüler nicht einschränken dürfen, sondern so weit gefasst sind, dass dem Schüler genügend Freiheiten bleiben, um einen eigenen Stil zu entwickeln. Der Lehrer orientiert sich während der Bewertung an der Umsetzung der Regeln und Schreibtipps.

---

[5] Ebd.
[6] http://www.dgls.de/textebew.htm

3. Belohnungen der Eltern und Lehrer

Was verstehen wir eigentlich unter Belohnungen?

„Na, das ist doch ganz einfach", hat eine Mutter erklärt. „Für eine Eins in der Klassenarbeit gibt's drei Euro, für eine Zwei einen Euro. Das ist bei uns die Regel. Bei besonders schweren Arbeiten gibt's für `ne Eins 5 Euro."[7]

Diese und ähnliche Erfahrungen haben sicherlich schon viele Schüler gemacht. Oftmals bleibt es nicht nur bei Geldgeschenken; manche Schüler erhalten neue Kleidung, PC-Spiele und vieles andere. Auf diesem Wege möchten Eltern ihre Kinder zum Lernen bewegen. Bei Belohnungen dieser Art besteht jedoch Gefahr, dass Kinder ihre Leistungen nur noch mit Belohnungen gleichsetzen und damit die eigentlich erbrachten Leistungen an Wert verlieren. Eltern sollen sich deshalb genau überlegen, wie sie ihr Kind belohnen. Weniger ist oft mehr. Auch verbales Lob und kleine symbolische Geschenke für gute Leistungen erfüllen ihren Zweck.

In der Schule existiert eine Vielzahl von Prüfungs- und Beurteilungsformen, die erbrachte Leistungen der Schüler messen. Da Zensuren allein nicht ausreichen, Schüler individuell zu belohnen oder zu bestrafen, verwenden Lehrer oft neben den eigentlichen Zensuren Belohnungen in Form von Smileys, Stempeln oder Stickern. Der Lehrer muss darauf achten, dass er seine Schüler gerecht belohnt, das heißt mit den Belohnungen nicht zu übertreiben und keine Versprechungen zu machen, die er nicht einhält. Daher wäre es sinnvoll, Belohnungen in der Klasse zu besprechen.[8] Sind Belohnungen nicht einheitlich für alle Schüler, fühlen sich einige ungerecht behandelt. Während meines Schulpraktikums habe ich lernen müssen, dass sich Schüler sehr genau an die einmal in der Klasse ausgemachten Regeln halten und sich verletzt fühlen, wenn diese nicht eingehalten werden. Ungerechtigkeiten führen im Allgemeinen zu Unruhen und Streitereien innerhalb der Klassengemeinschaft. Um dies zu vermeiden, sollte sich der Lehrer gut überlegen, wann und wofür er seine Kinder belohnt. Die Belohnung einer guten Leistung darf jedoch nicht zu selten ausfallen.

---

[7] http://www.elternschule.neumuenster.de/belohnung.htm
[8] Vgl. http://www.elternschule.neumuenster.de/belohnung.htm

Haben Schüler einmal einen Stempel als Belohnung im Heft, möchten sie gerne noch einen und arbeiten eifrig daran. Zudem sollten Schüler, die besonders gute Leistungen vollbringen, vor der Klasse gelobt werden. Besonders in der Grundschule werden Klassenkameraden versuchen, einem guten Schüler nachzueifern, um ein Lob vom Klassenlehrer zu ergattern. Die Bestätigung des Klassenlehrers ist ihnen sehr wichtig. Aber der Lehrer darf nicht vergessen, schlechte Schülerleistungen als solche zu bewerten. Gerade bei Schülern, die sich gerne durch andere gute Noten verschaffen, wäre ein Gespräch unter vier Augen sinnvoll.[9]

---

[9] Vgl. http://www.digischool.nl/du/lehrer/praxis/zehntipps.php

4. Verschiedene Schulzeugnistypen

Die Aufgabe des Schulzeugnisses ist es, die Erziehungsberechtigten über die erbrachten Leistungen ihrer Kinder so objektiv wie möglich zu unterrichten. Man unterscheidet bei den Schulzeugnissen zwischen dem Berichtszeugnis und dem Zifferzeugnis.

Ihr erstes Zeugnis erhalten Grundschulkinder nach Beendigung des ersten Schuljahres. Dabei handelt es sich um ein Berichtszeugnis, das ab der dritten Klasse von einem Zifferzeugnis ersetzt wird. Das Berichtzeugnis besteht aus einzelnen Berichten über die Leistungen der Schüler in den verschiedenen Fächern. Damit die Berichte aussagekräftig sind, notiert der Klassenlehrer nach einer Unterrichtseinheit Daten über die Leistungen seiner Schüler. Neben den Leistungen ist das Verhalten der Schüler im Unterricht zu bewerten. Auf diese Weise entstehen Schülerbegleitbögen, die zur Formulierung der Zeugniesberichte sehr sinnvoll sind. Diese Bögen kann jeder Lehrer für sich individuell gestalten. Sie nehmen die „Methoden-, Sozial- und Fachkompetenz"[10] des Schülers auf. Auf diese Weise geben Berichtszeugnisse neben dem Leistungsstand das Arbeits- und Sozialverhalten des Schülers wieder. Die Formulierungen sollten jedoch kritisch hinterfragt werden, denn für Außenstehende sind sie oft schwer zu entschlüsseln. Was meint ein Lehrer damit, wenn er schreibt: „Ihr Kind ist lebendig."? Vielen Eltern bleibt das ein Rätsel. Zudem werden Leistungen durch positive Formulierungen beschönt. Nicht das, was ein Schüler nicht kann, sondern das, was er leistet, wird in den Beurteilungszeugnissen beschrieben.[11] Um solchen Verständnisschwierigkeiten aus dem Wege zu gehen, ist der Lehrer angehalten, dem eigentlichen Zeugnis noch ein Zeugnis in Umgangssprache ohne unnötige Verschleierungen für die Schüler zu schreiben. Diese können sich auch schon in jungen Jahren sehr gut selbst einschätzen und wundern sich dann, was im eigentlichen Zeugnis steht. Eine meinerseits bekannte Lehrerin ist mit diesem Prinzip, mit dem Einverständnis der Eltern, sehr gut gefahren.

---

[10] http://www.dhg.fn.bw.schule.de/Schule/Erprobungsschule/Leistungsbewertung/body_Leistungsbewertung.html

[11] Vgl. http://www.eltern.de/forfamily/schule_erziehung/schule/schullexikon/grschgut.html

Solch ein Zeugnis dieser Art hat *Monika Wopperer* in Form eines Gesichter-Zeugnisses entwickelt. Dieses Zeugnis ist kein Zeugnis für Schüler, sondern ein Zeugnis von Schülern: [12]

Die Aufgabe der Schüler am Ende eines Schulhalbjahres ist, die Münder selbst in die Gesichter zu zeichnen. Um die Selbsteinschätzung zu erleichtern, stellt der Lehrer Fragen über die Leistungen in den verschiedenen Fächern und das Verhalten der Schüler. Die Fragen werden vom Lehrer formuliert und können nach *Monika Wopperer* unter anderem lauten:

> *„Wie schätze ich mein Verhalten ein?", „Musste die Lehrerin manchmal mit mir schimpfen?", „Habe ich meine Mitschüler ausgelacht, wenn sie etwas falsch gemacht haben?", „Wie schätze ich meine Mitarbeit ein?"*[13]

Nach dem gemeinsamen Ausfüllen der Gesichter werden die „richtigen" Zeugnisse ausgeteilt. Dabei geht jeder Schüler einzeln zum Lehrer und zeigt diesem seine Gesichter. Das Berichtzeugnis wird nun mit den Gesichtern verglichen. Treten starke Abweichungen auf, werden diese besprochen und geklärt.

---

[12] Bild entnommen aus dem Schulmagazin, Heft 1/98, S.26.
[13] Entnommen aus dem Grundschulmagazin, Heft 1/98, S. 25.

Mit der Anfertigung eines Gesichter-Zeugnisses lernen Schüler spielerisch, sich selbst einzuschätzen, ihre Leistungen zu beurteilen und sich mit ihrem Zeugnis stärker zu identifizieren.

5. Eine kritische Auseinandersetzung mit Zensuren

Während meines Referates haben einige Zitate meine Kommilitonen angeregt, über Zensuren und die derzeitige Situation der Leistungsbewertung nachzudenken. Die Zitate habe ich dem Aufsatz „Noten zu Asche- Noten zu Staub" entnommen. Die Formulierungen des Aufsatzes sind sehr provokativ, da der anonyme Autor für die Abschaffung der Zensuren plädiert: „Eine Schule, in der Lernen ohne Zwang möglich ist, braucht keine Noten mehr, auch keine ‚demokratischen'."[14] Die Reaktionen auf die folgenden Zitate waren sehr unterschiedlich.

Noten umgeben eine Aura der Objektivität. Von ihnen wird behauptet, sie würden die Leistungen der Schülerin messen und sie vergleichbar machen. Ob bei der Jobsuche oder beim Numerus clausus: Noten oder letztlich sogar der Durchschnitt aller Noten werden als objektiver Gradmesser angesehen, durch sie wird vorsortiert, wer später in welchen Bereichen der Gesellschaft eine Chance eingeräumt bekommt, und wer nicht. Tatsächlich bleibt bei kritischer Betrachtung von Noten nichts als ihre Zufälligkeit und Beliebigkeit übrig. [...] Noten sind unabhängig von dem, der sie gibt. [...] Um ein Instrument der Auslese zur Verfügung zu haben, reduzieren Noten angeeignetes Wissen und die Fähigkeit, dieses zu reproduzieren, auf eine Zahl. Sie berücksichtigen weder die individuelle Lernleistung, noch die ungleichen Voraussetzungen, denen SchülerInnen ausgesetzt sind. Wenn sich ein Schüler unter großen Anstrengungen von einer fünf auf eine vier quält, so findet dies in einer Note ebenso wenig Beachtung, wie die unterschiedlichen familiären und sozialen Hintergründe. [...] Noten bewerten nicht das Lernen, sondern rufen stures Pauken hervor. Ziel des Lernens ist das Erreichen einer guten Note, nicht das Erlernen von etwas Sinnvollem. [...][15]

---

[14] http://www.uni-mainz.de/Schulen/LSV/libri1-99-9.htm
[15] http://www.uni-mainz.de/Schulen/LVS/libri1-99-9.htm

Ich werde nun die Leistungsbeurteilung durch Zensuren unter Berücksichtigung einiger Antworten meiner Kommilitonen erörtern.

Die Zensuren sagen weder etwas über die Individualität des Schülers noch über sein Sozialverhalten aus, noch ist die Bedeutung der Zensuren vor allem jungen Schülern bewusst. Dass diese Zahlen einmal ihren Lebensweg bestimmen werden, ist für viele kaum vorstellbar. Auch Eltern erfahren durch die Zensuren nicht, ob diese durch Fleiß oder Intelligenz zu Stande gekommen sind. Deshalb wäre ein stetiger Kontakt mit dem Klassenlehrer sinnvoll, um sich über die Leistungen ihrer Kinder zu informieren.

Zensuren können in der Klasse ein Konkurrenzempfinden hervorrufen. Es entsteht „Hass auf die immer Erfolgreichen, gepaart mit der leisen Hoffnung, einen unbequemen Kontrahenten vielleicht eines Tages [auszuschalten]".[16] Die Schüler führen untereinander einen Wettstreit um gute Zensuren.

Wenn man das Ganze jedoch von einer anderen Seite betrachtet, muss man davon ausgehen, dass Zensuren Schüler nicht nur auf eine negative, sondern auch auf eine positive Weise beeinflussen. Beschreibt man Zensuren auf eine nüchterne Art, so sind sie einfach nur ein Maßstab für das, was ein Schüler geleistet hat. Wie sollte man Leistungen anders messen? Zensuren definieren Leistungen eines Schülers von sehr gut bis ungenügend in einer Zahlenspanne von eins bis sechs. Nun werden sehr hohe Erwartungen an Zensuren gestellt. Sie sollen „über den Stand des Lernprozesses des Schülers Aufschluss geben; sie soll auch Grundlage für weitere Förderung des Schülers sein".[17] Diese Erwartungen sind durch Zensuren allein kaum zu erfüllen, aber trotzdem haben sich Zensuren als ein sinnvolles Mittel zur Leistungsmessung erwiesen. Warum hätten sie sich sonst so lange bewährt?

Weiterhin lernen Schüler sich durch Zensuren selbst einzuschätzen: Bei guten Zensuren entwickelt sich Stolz, bei schlechten Noten Frust, und sie müssen dann lernen, sich aus dem Übel wieder herauszuboxen. Auf diese Weise ermöglichen Zensuren Leistungsvergleiche.

---

[16] Kozdon, B., 1976, S.97
[17] http://www.learn-line.nrw.de/angebote/gemeinsamerunterricht/leistungsbewertung/pdf/Leistungsbewertung.PDF

Ein guter Lehrer weiß sehr schnell, ob er eine leistungsstarke oder -schwache Klasse hat und inwiefern er seine Schüler benoten muss. Trotz aller Versuche. Objektiv zu benoten, ist die Zensurenvergabe zu großen Teilen subjektiv. Doch vertritt der Lehrer damit seine Meinung über die Leistungen der Schüler. Die Schüler können mit dem Lehrer über ihre Zensuren diskutieren, und lernen so, sich eine eigene Meinung über ihre Leistungen zu bilden. Genau das ist doch die Aufgabe eines Lehrers. Ist es nicht das Ziel eines guten Unterrichts, aus den Schülern mündige Bürger zu machen?! Zudem ist zu beachten, dass, weil ein Schüler bei einem Lehrer leistungsschwach ist, es noch lange nicht heißt, dass er bei einem anderen Lehrer ebenfalls schlechte Zensuren für seine Leistungen bekäme. Durch einen Lehrerwechsel haben alle Schüler die gleiche Chance, an einen Lehrer zu kommen, mit dem sie gut zusammenarbeiten.

Eine Diskussion über Zensuren führt zwar zu keinem richtigen Ergebnis, doch veranschaulicht sie die Konflikte, die sich hinter der Zensurenvergabe verbergen. Sicher ist nur, dass Zensuren noch lange in der Schule vorherrschen werden, denn erst einmal muss etwas erfunden werden, was die Zensuren ersetzen könnte. Noten einfach abzuschaffen, wie er der Aufsatz „Noten zu Asche-Noten zu Staub" verlangt, ist sicherlich keine Lösung.

6. Resümee

Bewertungsformen gibt es viele. Wie ein Lehrer bewertet, ist ganz von seinem Typ und seinen Erfahrungen abhängig. Es ist schwer zu sagen, ob ein Lehrer gerecht bewertet, da seine Emotionen, Vorlieben und Abneigungen in die Bewertung mit einfließen. Würde ein Schülertext von verschiedenen Lehrern beurteilt, kämen dabei unterschiedliche Ergebnisse heraus. Dies zeigt, dass Lehrer nicht völlig objektiv bewerten. Wichtig ist jedoch, dass Aufsätze innerhalb einer Klasse gerecht bewertet werden. Damit meine ich, dass sowohl gute aber auch schlechte Leistungen als solche anerkannt werden.

Eine gute Bewertung stellt gleichzeitig eine Belohnung dar.
Daher hat ein Lehrer nicht nur seine Bewertung sondern auch Belohnungen von Schülerleistungen kritisch zu hinterfragen. Trotz Kritikpunkten seitens einer Kommilitonin plädiere ich für Belohnungen nicht allein verbaler Art, sondern in Form von Kleinigkeiten, wie Aufklebern und Stempeln. Mir ist aufgefallen, dass Grundschüler sich im Unterricht besonders anstrengen, wenn sie wissen, dass eine Belohnung auf sie wartet. Warum sollte man diese Motivation unterdrücken? Motivierte Schüler ermöglichen einen lebhaften und abwechslungsreichen Unterricht. Meiner Meinung nach, ist es denjenigen anzuraten, die sich gegen Belohnungen im Unterricht aussprechen, sich einmal genau zu überlegen, ob sie damit den richtigen Weg wählen. Wenn Lehrer ihre Schüler nicht belohnten, schränkten diese nach einiger Zeit ihre Arbeit auf das Minimum ein. Solch eine Situation ist keinem Lehrer zu wünschen, allein schon, weil er sich bei den Eltern für die Leistungen der Schüler rechtfertigen muss. Daher vertrete ich die Meinung, dass Belohnungen in Maßen für beispielsweise eine saubere Heftführung, besonders gute Leistungen oder Zusatzarbeiten sehr sinnvoll sind.

Die verschiedenen Zeugnistypen ermöglichen unterschiedliche Bewertungsformen. Das Berichtzeugnis bietet einerseits Vorteile durch verbale Äußerungen, andererseits werden diese Äußerungen oft verschönt. Berichte, die für ein Berichtzeugnis formuliert werden, müssen gut überlegt und auf den jeweiligen Schüler abgestimmt sein. Um den Inhalt eines Zeugnisses verständlicher zu machen, sollten Lehrer Zeugnisse für und mit den Schülern anfertigen. Auf diese Weise lernen Schüler, sich selbst einzuschätzen. Ich stellte in diesem Zusammenhang das Gesichter-Zeugnis von *Monika Wopperer* vor.

Ziffernzeugnisse geben die Leistungen der Schüler in Form von Zensuren wieder. Zensuren bieten ausreichend Diskussionsmaterial. Zum einen sind sie ein präzises Leistungsmesser, zum anderen aber lassen sie die Individualität einer Schülerleistung unberücksichtigt. Ich denke, dass sich ein Lehrer stets bewusst sein muss, dass er mit Zensuren den Lebensweg der Schüler bestimmt, und damit eine große Verantwortung trägt.

7. Literaturverzeichnis

Literatur

Kozdon, B. (1976): Das Leistungsprinzip in Gesellschaft und Schule: Überlegungen zu einer Rechtmäßigkeit und Reichweite, Bad Heilbrunn/ Obb. (Verlag Julius Klinkhardt), S.97.

Magazin

Wopperer, M. (1998): „So bin ich!": Kinder erstellen ihr Zeugnis. In: Grundschulmagazin, Nr. 1/98, S. 24-26.

Internetadressen

1. http://www.dagmarwilde.de/futvsose00/gruppenjournale/g91tbeurt.html, 27.05.2003.
2. http://www.dgls.de/textebew.htm, 27.05.2003.
3. http://www.digischool.nl/du/lehrer/praxis/zehntipps.php, 27.05.2003.
4. http://www.dhg.fn.bw.schule.de/Schule/Erprobungsschule/Leistungsbewertung/ body_Leistungsbewertung.html 27.05.2003.
5. http://www.eltern.de/forfamily/schule_erziehung/schule/schullexikon/grschgut.html, 27.05.2003.
6. http://www.elternschule.neumuenster.de/belohnung.htm, 27.05.2003.
7. http://www.learnline.nrw.de/angebote/gemeinsamerunterricht/leistungsbewertung/pdf/Leistungsbewertung.PDF, 28.05.2003.
8. http://www.uni-mainz.de/Schulen/LVS/libri1-99-9.htm, 27.05.2003.
9. http://www.uni-mainz.de/Schulen/LVS/libri1-99-9.htm, 27.05.2003.